AF312683

ESTAMPES

DU XVIIIᵉ SIÈCLE

JUIN 1902

Mᵉˢ PAUL CHEVALLIER et LAIR-DUBREUIL

COMMISSAIRES-PRISEURS

M. A. DANLOS

EXPERT

ESTAMPES

DU XVIIIe SIÈCLE

PIÈCES IMPRIMÉES EN NOIR ET EN COULEUR

ŒUVRE DE DEBUCOURT

CONDITIONS DE LA VENTE

Elle sera faite au comptant.

Les acquéreurs paieront 10 p. 100 en sus des prix d'adjudication.

M. Danlos se réserve la faculté de diviser ou de rassembler les lots.

MM. les Amateurs pourront visiter la Collection chez M. Danlos, quai Voltaire, 15, du jeudi 5 au mardi 10 juin 1902, le dimanche excepté.

CATALOGUE

DES

ESTAMPES

DE

L'ÉCOLE FRANÇAISE DU XVIIIᵉ SIÈCLE

PIÈCES IMPRIMÉES EN NOIR ET EN COULEUR

ŒUVRE DE DEBUCOURT

DESSINS

DONT LA VENTE AUX ENCHÈRES PUBLIQUES AURA LIEU

HOTEL DES COMMISSAIRES-PRISEURS

9, Rue Drouot, Salle Nᵒ 7

Le Mercredi 11 Juin 1902, à 2 heures précises

COMMISSAIRES-PRISEURS

Mᵉ PAUL CHEVALLIER   **Mᵉ LAIR-DUBREUIL**
10, RUE GRANGE-BATELIÈRE   6, RUE DE HANOVRE

EXPERT

M. A. DANLOS, Marchand d'Estampes
15, QUAI VOLTAIRE, 15

DÉSIGNATION

ALIX (P.-M.).

1. J.-B. Poquelin de Molière, d'après Garneray ; médaillon
   ovale, in-4°, reposant sur un cartouche où est repré-
   sentée la scène VIII du 4e acte de Tartuffe.

   Très belle épreuve imprimée en couleur. Marge.

BAUDOUIN (D'après P.-A.).

2. Le Couché de la Mariée, gravé à l'eau-forte par J. Moreau
   le Jeune et terminé par J. B. Simonet (E. B. 16.).

   Très belle épreuve.

3. Le Jardinier galant, par Helman (25).

   Très belle épreuve. Grande marge.

4. Le Danger du tête-à-tête, par Simonet (18). — Le Matin.
   — Le Midi. — Le Soir, trois pièces par De Ghendt
   (32, 33 et 46).

   Bonnes épreuves, la première pièce est coupée dans la moitié
   de la bordure et les trois dernières sont d'anciennes réimpressions.

5. **Le Lever. — La Toilette. Deux pièces, faisant pendants, gravées par Massard et N. Ponce (29 et 48).**

Très belles épreuves avec la première adresse, celle de Mme Baudouin. Rares.

6. **La Toilette, par N. Ponce (48).**

Très belle épreuve avec l'adresse de Mme Baudouin. Manque un peu de conservation.

7. **Le Soir, par De Ghendt (46).**

Très rare épreuve à l'eau-forte pure et avant la draperie ; dans cet état, la femme qui va se coucher a un bonnet sur la tête. Sans marge.

BELLA (Et. Della).

8. **La Perspective du Pont-Neuf de Paris, 1646.**

Très belle épreuve du premier état: avant la girouette sur le clocher de Saint-Germain-l'Auxerrois, à la droite de l'estampe. Collée en plein et encadrée.

BOILLY (D'après L.).

9. **La Jarretière, par Tresca.**

Très belle épreuve. Grande marge.

BOUTET (H.).

10. **Jeune femme mettant son corset.**

Très belle épreuve sur japon. Signée.

CHALLE (D'après M.-A.).

11. **L'Amant surpris, par Descourtis.**

Très belle épreuve imprimée en couleur. Sans marge et tachée.

12. Histoire de Paul et Virginie. Suite de 6 pièces gravées par Descourtis.

> Très belles épreuves imprimées en couleur. Taches d'eau.

13. La Ruelle, par Malapeau.

> Très belle et rare épreuve avant la lettre. Grande marge.

CHARDIN (D'après J.-B.-S.).

14. Le Dessinateur, par J. J. Flipart. (E. B. 14).

> Très rare épreuve à l'état d'eau-forte.

15. La Gouvernante. — La Mère laborieuse. Deux pièces gravées par Lepicié.

> Belles épreuves, la première pièce manque de conservation.

DEBUCOURT (P.-L.).

16. Le Juge ou la Cruche cassée, par Le Veau (M. F. 2.).

> Très belle épreuve. Grande marge.

17. Les Voisines laborieuses, par Mlle A. Moitte (3).

> Deux épreuves dont une très belle est avant la lettre et avant quelques légers travaux.

18. Les deux baisers, 1785 (7).

> Très belle épreuve imprimée en couleur. Sans marge.

19. Le Menuet de la Mariée, 1786. — La Noce au château, 1789. Deux pièces faisant pendants (8 et 21).

> Très belles épreuves imprimées en couleur, la première pièce est du 1er tirage : avant la retouche et avec un point seul à la suite de l'année 1786, de plus le tracé des lignes est très apparent.

20. L'Oiseau ranimé, 1787 (9).

Superbe épreuve imprimée en couleur, elle est très fraîche mais est sans marge, excepté un petit filet, en bas, permettant de lire l'inscription : *Peint et gravé par Debucourt, peintre du Roy*, 1787. Excessivement rare.

21. Humanité et bienfaisance du Roi, 1787, par Guyot (10).

Très belle épreuve imprimée en couleur. Sans marge.

22. Promenade de la Gallerie du Palais-Royal, 1787 (11).

Très belle épreuve imprimée en couleur, avant les retouches dans la planche ; quelques épidermures dans la marge.

23. La Promenade du Jardin du Palais-Royal, 1787 (11ᵃ).

Belle épreuve imprimée en couleur.

24. Heur ou malheur ou la Cruche cassée, 1787. — L'Escalade ou les adieux du Matin, 1787. Deux pièces faisant pendants (12 et 13).

Très belles épreuves imprimées en couleur, la première pièce est sans marge.

25. Le Compliment ou la matinée du jour de l'An, 1787. — Les Bouquets ou la fête de la Grand'maman. Deux pièces faisant pendants (15 et 16).

Très belles épreuves imprimées en couleur, la première pièce est sans marge.

26. La Rose. — La Main, 1788. Deux pièces faisant pendants (17 et 18).

Très belles épreuves imprimées en couleur, la première pièce est sans marge. Très rares.

27. Annette et Lubin, 1787 (22).

Belle épreuve imprimée en couleur. Sans marge.

28. L'Enfant soldat ou les Amusements de famille (24).

Très belle épreuve. Doublée.

29. Vive le Roy, par A. Legrand (25).

Deux épreuves dont l'une, très intéressante, est bien certainement celle qui a servi de modèle au graveur lors des derniers changements qu'a subis cette planche : sur les parties effacées et laissées en blanc, le portrait de Bonaparte, la figure de la Paix et les papiers contenus dans le panier du marchand ambulant, sont très finement dessinés au crayon, par Debucourt (?).

30. Almanach National, 1791 (26).

Superbe épreuve imprimée en couleur. Très rare de cette qualité.

31. La Rose mal défendue, 1791 (27).

Très belle épreuve avec la lettre gravée au pointillé et avant l'adresse de Depeuille. Rare.

32. La même composition gravée en réduction par Bonnemain (27ª).

Très belle épreuve avec l'adresse de Depeuille. Marge.
Cadre ancien, bois sculpté et doré, époque Louis XVI.

33. La même estampe.

Belle épreuve.

34. La Promenade publique, 1792 (33).

Très belle épreuve imprimée en couleur. Sans marge.

35. La Croisée (28).

Très belle épreuve, imprimée en couleur, avec l'adresse de Depeuille et cinq points après les mots : *Dessiné et Gravé.* Marge.

36. Lise poursuivie (29).

Superbe et très rare épreuve avant toutes lettres (état non décrit).

37. Il est pris. — Elle est prise. Deux pièces faisant pendants (34 et 35).

Très belles épreuves.

38. La Bénédiction paternelle ou le départ de la Mariée (50).

Très belle épreuve du 2ᵉ état : avant la lettre, mais avec la signature gravée au bas du trait carré, à gauche ; on lit à droite écrit à la mine de plomb : *Publié à Paris le premier messidor 1795, par Depeuille, nᵒ quarante-quatre.* Toute marge.

39. L'Oiseau privé (51).

Très belle épreuve avec le titre gravé, mais avec la signature encore à la pointe.

40. Minet aux aguets (57).

Très belle épreuve.

41. Jouis, tendre mère (58).

Très belle épreuve d'un état non décrit intermédiaire entre le premier et le second : avant la lettre, mais avec la signature gravée ; déchirure à droite. Marge.

42. Ils sont heureux (59).

Très belle épreuve. Grande marge.

43. Les Plaisirs paternels (63).

Superbe épreuve, avant toutes lettres, imprimée en couleur ; toute marge. Excessivement rare de cette qualité.

44. Les Visites. — L'Orange, ou le moderne jugement de Paris. Deux pièces faisant pendants, la première a été publiée le 1ᵉʳ jour du xixᵉ siècle (65 et 66).

Très belles épreuves.

45. Les Visites (65).

Belle épreuve.

46. Cheval effrayé par la foudre, d'après C. Vernet (67).

Très belle épreuve avec la lettre blanche.

47. Modes et manières du jour. Nᵒˢ 1 et 4 (71 et 74).

Très belles épreuves en couleur.

48. L'Invocation à l'amou r, planche 4ᵉ du Poème Hero et
Léandre (127).

> Très belle épreuve imprimée en couleur.

49. Cheval qu'on bouchonne au retour d'une course,
d'après C. Vernet (137).

> Très belle épreuve.

50. La Chasse (141).

> Superbe épreuve avant la lettre. Toute marge.

51. Préparatifs d'une poule entre cinq chevaux de course,
d'après C. Vernet (144).

> Superbe et très rare épreuve du 1ᵉʳ état : avant toutes
> lettres, seulement les noms des artistes ¡tracés à la pointe ;
> très grande marge. Piquée d'humidité et encadrée.

52. La Femme et le Mari ou les époux à la mode, 1803. —
Les Galants surannés ou les petits papas à la mode,
1804. Deux pièces (148 et 165).

> Belles épreuves.

53. Un Gourmand. — Un Usurier. Deux pièces faisant
pendants (150 et 151).

> Belles épreuves.

54. L'Incendie (167).

> Très belle épreuve.

55. La petite barque ou l'heureuse union. — La Famille
réunie ou l'agréable loisir. Deux pièces, faisant
pendants, représentant, l'une la famille du peintre
Isabey et l'autre celle du graveur Girardet (170 et 171).

> Très belles épreuves en couleur. Très rares.

56. Les Courses du matin, ou la porte d'un riche, 1805 (173).

> Très belle épreuve. Taches d'encre.

118

Cluzel

5 6 *bis*. Exercices de Franconi. N°s 1 et 2. Deux pièces, faisant pendants, gravées d'après C. Vernet (179 et 180).

Très belles épreuves. Marges.

75

57. Le Maréchal ferrant Français. — Le Maréchal ferrant Anglais. Deux pièces, faisant pendants, gravées d'après C. Vernet; la seconde pièce est gravée par Coqueret.

Très belles épreuves; la première pièce est d'un état non décrit : sans aucune adresse et avec l'inscription : *Déposé à la Bibliothèque Nationale*, remplacée par : *Déposé à la Direction*.

67

Danlos pour Z.

58. Le Repos de l'isvochik, ou cocher russe. —Le Traîneau d'un marchand ou bourgeois russe. — La Ligne ou voiture de campagne russe. — Le Courrier russe portant ses dépêches. Quatre pièces d'après Damame de Martrait.

Très belles épreuves du 1er tirage, mi-partie imprimées en couleur, mi-partie coloriées. Toutes marges.

560

*Danlos pour **

59. Frascati, d'après un croquis pris sur le lieu même, 1807 (196).

Très belle épreuve en couleur.

52

Danlos pour W.

60. La jeune femme, 1807 (198).

Très belle épreuve.

140

Danlos Astruc

61. Alexandre Ier en pied, 1807 (200).

Très belle et rare épreuve imprimée mi-partie en couleur, mi-partie coloriée; toute marge. Collée en plein.

32

Danlos pour F.

62. La Poste russe, d'après Sauerweid (205).

Très belle épreuve. Marge.

30

*Danlos pour **

63. Barrière des Champs-Élysées (207).

Très rare épreuve, gravée au trait, avant toutes lettres et avant l'encadrement.

63 *bis*.   La même estampe.

> Très belle épreuve, imprimée en couleur, d'un état non décrit : avec la lettre, mais avant l'encadrement.

64.   Madame et Monsieur, 1809 (211).

> Très belle épreuve imprimée mi-partie en couleur, mi-partie coloriée; marge. Excessivement rare.

65.   Le Canal, 1810 (220).

> Très belle épreuve en couleur.

66.   Le Carnaval, 1810 (219).

> Superbe et rare épreuve du 3ᵉ état : le ciel est blanc. Très grande marge.

67.   Illumination de la grande cascade de Saint-Cloud, 1810 (221).

> Très belle épreuve imprimée mi-partie en couleur, mi-partie coloriée, elle est avec l'adresse de Guérin. Toute marge.

68.   Feu d'artifice à l'Arc de triomphe de l'Étoile, 1810 (222).

> Très belle épreuve avec l'adresse de Guérin.

69.   L'Adoration (253).

> Très belle épreuve imprimée en couleur. Toute marge.

70.   Le Traîneau, effet de neige (308).

> Très belle épreuve en partie coloriée.

71.   Le Coeffeur (309).

> Superbe épreuve. Toute marge.

72.   Le Tailleur (310).

> Superbe épreuve. Toute marge.

73.   Le Baiser à propos de bottes (311).

> Superbe épreuve. Toute marge.

74. Vent devant. — Vent derrière. Deux pièces faisant pendants, la dernière est d'après Mendoze (312 et 313).

Très belles épreuves. Toutes marges.

75. Scène de voleurs, effet de neige (321).

Très belle épreuve imprimée sur papier en partie teinté.

76. Course du Grand-Prix faite au Champ de Mars, à Paris, par les chevaux qui ont remporté les premiers prix dans les départements. Grande estampe gravée d'après C. Vernet (322).

Très belle épreuve tirée avant que le titre ait été changé en celui de : *Une Course au Champ de Mars*.

77. Portrait de Louis XVIII en pied, d'après Béra (327).

Très belle épreuve.

78. Goûter des Anglais (393).

Très belle épreuve en couleur ; marge. Rare.

79. Route de Saint-Cloud, d'après C. Vernet (405).

Très belle et rare épreuve en noir. Toute marge.

80. Route de Poste, d'après C. Vernet (406).

Très belle épreuve en couleur.

81. Les Aveugles, d'après C. Vernet (407).

Très belle épreuve en couleur. Toute marge.

82. Le Retour des champs, d'après C. Vernet (408).

Très belle épreuve, en couleur, avant la retouche à l'aquatinte.

83. Route du marché, d'après C. Vernet (409).

Très belle épreuve en couleur.

84. **Route de Naples**, d'après C. Vernet (410).
Très belle épreuve en couleur.

84 *bis*. **La même estampe.**
Très belle épreuve en noir.

85. **Les Chevaux de bateau**, d'après C. Vernet (412).
Très belle épreuve, en couleur, avant la retouche.

86. **Le Joueur de cornemuse**, d'après C. Vernet (414).
Très belle épreuve, en noir, avant la retouche.

87. **La Danse des chiens en désordre**, d'après C. Vernet (415).
Très belle épreuve, en noir, avant la retouche. Toute marge.

88. **La Chasse. — Le Retour du chasseur.** Deux pièces, faisant pendants, gravées d'après C. Vernet (418 et 419).
Très belles épreuves avec l'adresse de Desmaisons-Cabasson Grandes marges.

89. **Le Café ambulant. — Le Marchand de galette**, 1821. Deux pièces faisant pendants (494 et 495).
Très belles épreuves.

90. **Intérieur d'une cuisine. — Intérieur d'une salle à manger.** Deux pièces, faisant pendants, gravées d'après Drolling (496 et 497).
Très belles épreuves.

91. **La Servante congédiée** (500).
Très belle épreuve. Rare.

92. **La Main chaude**, 1824 (522).
Très belle épreuve.

93. Sainte Madeleine (549). — La Leçon de musique, d'après Wrigt (555). — Le Gastronome affamé. Trois pièces, la dernière est d'après C. Vernet.

Belles épreuves.

94. Passez, Payez. — Le Jour de barbe d'un charbonnier. — Il n'y a pas de feu sans fumée. — La Toilette d'un clerc de procureur. — La March^{de} d'eau-de-vie. — Le March^{d} de peaux de lapins. — La March^{de} de cerises. — La March^{de} de saucisses. Huit pièces d'après C. Vernet.

Très belles épreuves en couleur.

95. La Toilette d'un clerc de procureur. — Le Chiffonnier. — Rempailleur de chaises. — Il n'y a pas de feu sans fumée. — La March^{de} d'eau-de-vie. — La March^{de} de saucisses. — La March^{de} de cerises. Sept pièces d'après C. Vernet.

Belles épreuves en noir et en couleur.

96. Anglais en habit habillé. — Le Coup de vent. Deux pièces, d'après C. Vernet (336 et 352).

97. Chacun son tour, d'après C. Vernet (389).

Très belle épreuve en couleur. Doublée.

98. Inutile Précaution, d'après C. Vernet (390).

Très belle épreuve en couleur.

99. Les Amateurs de plafonds au Salon, d'après C. Vernet (524).

Belle épreuve en couleur. Toute marge.

100. Militaires de la Garde Imp^{le} russe et allemande. — Uhlan prussien. — Cosaques au bivac. — Officiers prussiens. — Cuirassier prussien. — Officier de dragons danois. — Famille écossaise. — Rencontre d'officiers anglais. — Houssard anglais. — Artilleur anglais. — Houssard français. — Chasseur à cheval de la Garde R^le. — Mameluck. — Le Kalmuck. Quatorze pièces d'après C. Vernet.

Très belles épreuves, en couleur, ayant la plupart de grandes marges.

DURER (A.).

101. La Passion de Jésus-Christ. Suite de douze estampes gravées sur bois (B. 4-15).

Belles épreuves.

102. Onze pièces de la suite précédente. (Manque le titre.)

Belles épreuves; le n° 9 est une copie.

EISEN (D'après C.).

103. La Nuit, par Patas.

Très belle épreuve. Sans marge.

104. La Vertu sous la garde de la Fidélité, par A. Le Beau.

Superbe et rare épreuve avant la lettre.

FRAGONARD (D'après H.).

105. L'Amour. — La Folie. Deux pièces, de forme ronde et faisant pendants, gravées par Janinet.

Très belles épreuves imprimées en couleur; la seconde pièce a les noms écrits à la pointe. Sans marges.

106. L'Amour, par Janinet.

Très belle épreuve avec les noms écrits à la pointe. Sans marge.

107. Le Baiser à la dérobée, par Regnault.

Très belle épreuve.

108. La Culbute, par Charpentier.

Très belle épreuve imprimée en bistre.

109. Le Chiffre d'amour, par N. de Launay.

Belle épreuve d'une ancienne réimpression.

110. Les Hasards heureux de l'escarpolette, par N. de Launay.

Très belle épreuve de la planche carrée.

FREUDEBERG (D'après S.).

111. La Crainte enfantine, par Janinet.

Très belle épreuve imprimée en couleur. Toute marge.

112. Le Petit Jour, par N. de Launay.

Très belle épreuve.

GARBIZZA (D'après).

113. Vue de la Gallerie du Palais-Royal prise du côté de la Rue des Bons Enfants, par Coqueret (Vue de Paris, n° 8).

Très belle épreuve coloriée du temps. Grande marge.

JANINET (F.).

114. Nina, d'après Hoin. (Portrait de Mme Dugazon dans le role de Nina ou la Folle par amour.)

Très belle et très rare épreuve avant toutes lettres, imprimée en couleur.

115. Réveil de Vénus. — Tarquin et Lucrèce. Deux petites
pièces d'après Charlier et Eisen.

Très belles épreuves imprimées en couleur.

LA FONTAINE (J. DE).

116. Illustrations in-fol. pour ses *Contes*.

BOUCHER (D'après F.).

Le Calendrier des vieillards, par De Larmessin.
Très belle épreuve avant l'adresse de Buldet. Toute marge.

La Courtisane amoureuse, par De Larmessin.
Très belle épreuve avant l'adresse de Buldet. Toute marge.

Le Fleuve Scamandre, par De Larmessin.
Belle épreuve avant l'adresse de Buldet. Petite marge.

Le Magnifique, par De Larmessin.
Belle épreuve avant l'adresse de Buldet. Petite marge.

EISEN (D'après F.).

La Gageure des trois commeres, par Tardieu.
Très belle et rare épreuve avant toutes lettres. Petite marge.

Le Gascon, par Tardieu
Très belle et rare épreuve avant toutes lettres. Petite marge.

LANCRET (D'après N.).

A femme avare galant escroc, par De Larmessin.
Très belle épreuve avant l'adresse de Buldet. Toute marge.

Le Faucon, par De Larmessin.
Très belle épreuve avant l'adresse de Buldet. Toute marge.

Les Oyes de frère Philippe, par De Larmessin.
Très belle épreuve avant l'adresse de Buldet. Toute marge.

Pâté d'anguille, par De Larmessin.

Très belle épreuve avant l'adresse de Buldet. Marge.

Le Petit Chien qui secoue de l'argent et des pierreries, par De Larmessin.

Très belle épreuve avant l'adresse de Buldet. Toute marge.

Les Deux Amis, par De Larmessin.

Très belle épreuve avant l'adresse de Buldet. Toute marge.

Le Gascon puni, par De Larmessin.

Très belle épreuve avant l'adresse de Buldet. Toute marge.

Nicaise, par De Larmessin.

Très belle épreuve avant l'adresse de Buldet. Toute marge.

On ne s'avise jamais de tout, par De Larmessin.

Très belle épreuve avant l'adresse de Buldet. Toute marge.

Les Rémois, par de Larmessin.

Belle épreuve avant l'adresse de Buldet. Petite marge.

La Servante justifiée, par De Larmessin.

Très belle épreuve avant l'adresse de Buldet. Toute marge.

Les Troqueurs, par de Larmessin.

Très belle épreuve avant l'adresse de Buldet. Toute marge.

LEGRAND (A.).

Le Bat. — L'Hermite ou frère Luce. — La Jument du Compère Pierre. — Le Rossignol. — La servante justifiée. — Le Villageois qui cherche son veau.

Six pièces gravées, avec quelques changements, en 1801 et 1802, d'après les compositions de Vleughels et de Lancret.

LE MESLE (D'après F.).

Le Cuvier, copie publiée à Paris chez Dupré.

Très belle épreuve avec toute sa marge.

La Clochette, par Fillœul.

. Très belle épreuve avec l'adresse de Fillœul. Toute marge.

LORRAIN (D'après).

La Chose impossible, par Sornique.
Belle épreuve avec l'adresse de Buldet. Petite marge.

PATERRE (D'après).

Les Aveux indiscrets, par Fillœul.
Très belle épreuve avec la première adresse, celle de Fillœul. Très grande marge.

Le Baiser rendu, copie publiée à Paris chez Dupré.
Très belle épreuve. Très grande marge.

Le Cocu battu et content, par Fillœul.
Très belle épreuve avec l'adresse de Fillœul. Très grande marge.

La Courtisane amoureuse, par Fillœul.
Très belle épreuve avec l'adresse de De Larmessin. Marge.

Le Glouton, copie publiée à Paris chez Dupré.
Très belle épreuve. Très grande marge.

La Matrone d'Ephèse, par Fillœul.
Très belle épreuve avec l'adresse de De Larmessin. Toute marge.

Le Savetier, par Fillœul.
Belle épreuve avec l'adresse de De Larmessin. Petite marge.

La même composition, copie, en contre-partie, publiée chez Dupré.
Très belle épreuve. Très grande marge.

SAINT-AUBIN (D'après G. DE).

Frère Luce. Pièce signée des initiales G. D. S. A., 1767.
Épreuve à l'état d'eau-forte. Excessivement rare.

SAINT-AUBIN? (D'après G. DE).

Le Gascon.
Épreuve à l'état d'eau-forte. Excessivement rare.

SCHALL (D'après).

Le Bat, par Lindor de Toulouse.
> Belle épreuve. Petite marge.

Les Oyes de frère Philippe, par Lindor de Toulouse.
> Très belle épreuve. Petite marge.

VLEUGHELS (D'après).

Frère Luce, par de Larmessin.
> Très belle épreuve avant l'adresse de Buldet. Toute marge.

La Jument du compère Pierre, par de Larmessin.
> Belle épreuve avant l'adresse de Buldet. Petite marge.

Le Villageois qui cherche son veau, par de Larmessin.
> Très belle épreuve avant l'adresse de Buldet. Très grande marge.

Suite de quarante-deux pièces rare à trouver aussi complète.

LAWREINCE (D'après N.).

117. La Balançoire mystérieuse, par Vidal (E. B. 9.).
> Très belle épreuve avec la faute au mot *gravée*.

118. Le Billet doux, par N. de Launay (10).
> Très belle et rare épreuve avant la lettre, seulement les noms des artistes et le titre : *Le Billet doux*, tracé, en petites capitales grises, dans un nuage au-dessus des armes. Grande marge.

119. La Comparaison, par Janinet (12).
> Très belle épreuve imprimée en couleur; elle a un peu souffert et est sans marge.

120. La Consolation de l'absence, par N. de Launay (14).
> Superbe épreuve. Grande marge.

121. Le Déjeuner anglais, par Vidal (17).

> Très belle épreuve, l'adresse, dans la marge, est coupée.

122. Le Roman dangereux, par Helman (56).

> Très belle épreuve.

123. Les Sabots, par Couché (57).

> Très rare épreuve à l'état d'eau-forte. Grande marge.

124. La Soubrette confidente, par Vidal (61).

> Très belle épreuve. Grande marge.

LE BARBIER (D'après).

125. Bacchanale, par Demarteau, N° 625.

> Très belle épreuve avec marge.

LE PRINCE (D'après J.-B.).

126. L'Amour à l'Espagnole, par A. de Saint-Aubin et N. Pruneau (E. B., 455).

> Très belle et rare épreuve avant la dédicace. Grande marge.

MACHY (D'après DE).

127. Vue de la Porte Saint-Bernard, prise venant de l'Hôpital, par Descourtis.

> Très belle épreuve, du premier tirage, imprimée en couleur : avant que les armes aient été effacées et les inscriptions changées.

MARTINET (A Paris, chez).

128. Promenade de Longchamp, an X (1802).

> Très belle épreuve coloriée du temps. Rare.

MONNET (D'après Cl.).

60
Daulos
pour *

129. Les Journées de la Révolution. Un vol. in-fol. cart.

Suite de douze pièces gravées par Helman, plus une feuille de texte explicatif. Anciennes et très belles épreuves.

MOREAU (D'après J.-M.).

55
Daulos
pour W.

130. Au Roi. — A la Reine : portraits de Louis XVI et de Marie-Antoinette dans des compositions allégoriques. Deux pièces, faisant pendants, gravées par N. Le Mire (E. B., 30 et 33).

Très belles épreuves.

195
Daulos
pour * ?

131. Seconde suite d'estampes pour servir à l'histoire du costume en France. Suite de douze pièces gravées en réduction et en contre-partie des estampes originales (1372-1383).

Belles épreuves. Sans marges.

32
Daulos
par *

132. Place de Louis XV. — Le Coup de vent, groupe tiré de la Revue du Roi à la plaine des Sablons. Deux pièces.

Très belles épreuves, la seconde pièce est avant toutes lettres.

QUEVERDO (D'après).

40

133. Le Couché de la mariée. — Le Levé de la mariée. Deux pièces, faisant pendants, gravées par Dambrun,

Très belles épreuves.

RAFFET (A.).

260
Daulos
pour *

134. Retraite du bataillon sacré à Waterloo (80).

Très belle épreuve. Rare.

RAMBERG (H.).

135. Les Lunettes. — Le Rossignol. Deux pièces.
Anciennes et très belles épreuves.

REGNAULT (N.-F.).

136. Le Bain. — Le Lever. Deux pièces, faisant pendants, gravées d'après Baudouin et Regnault.
Belles épreuves imprimées en couleur.

137. Le Lever.
Très belle et très rare épreuve, avant toutes lettres, imprimée en couleur. Marge.

SAINT-AUBIN (D'après A. DE).

138. Au moins, soyez discret. — Comptez sur mes serments. Deux pièces faisant pendants (E. B., 406 et 407).
Très belles et rares épreuves avant la lettre. Petites marges.

139. Tableau des Portraits à la mode. — La Promenade des remparts de Paris, 1760. Deux pièces, faisant pendants, gravées par P.-F. Courtois (378 et 379).
Très belles et très rares épreuves avant toutes lettres et avant quelques légers travaux. Petites marges.

140. C'est ici les différents jeux des petits polissons de Paris. Suite de six pièces (E. B., 396 à 401).
Belles épreuves d'anciennes réimpressions. Toutes marges.

141. La Jardinière. — La Savonneuse. Deux pièces, faisant pendants, gravées par A.-S. Phelypeaux, Julien et Moret (416 et 417).
Très belles épreuves, avec l'adresse de Blin, imprimées en couleur.

SWEBACH-DESFONTAINES (D'après).

142. Café des Patriotes, par Moret.

> Très belle épreuve, imprimée en couleur, du premier état : avant divers changements, notamment avant que les bonnets à poil des deux gardes nationaux aient été remplacés par des bonnets de police. Sans marge.

143. Le Jeune Darruder, par Descourtis.

> Très belle épreuve imprimée en couleur. Rare.

SWEBACH ET SAUERVEID (D'après).

144. Bivouac des Cosaques aux Champs-Élysées à Paris, le 31 mars 1814. — Course de traîneaux à Krasnoi-Kaback. Deux pièces, faisant pendants, gravées par Jazet.

> Très belles et très rares épreuves avant toutes lettres, imprimées en couleur.

SAUERVEID (D'après).

145. Le Bivouac des Cosaques aux Champs-Élysées, par Jazet.

> Très belle épreuve imprimée en couleur. Sans marge.

TAUNAY (D'après).

146. Foire de village, par Descourtis.

> Superbe épreuve, avant toutes lettres, imprimée en couleur. Très rare.

147. Noce de village, par Descourtis.

> Très rare épreuve à l'état d'eau-forte.

148. **La même estampe.**

    Superbe épreuve, avant toutes lettres, imprimée en couleur. Très rare.

149. **La même estampe.**

    Très belle épreuve, imprimée en couleur, du premier tirage : avec les armes, lesquelles ont été effacées dans l'état suivant. Manque de conservation.

150. **Le Tambourin, par Descourtis.**

    Superbe épreuve, avant toutes lettres, imprimée en couleur. Très rare.

151. **Noce de village. — Foire de village. — La Rixe. — Le Tambourin. Suite de quatre pièces gravées par Descourtis.**

    Belles épreuves imprimées en couleur. Tachées.

152. **Foire de village. — Noce de village. Deux pièces gravées, en réduction, par Descourtis.**

    Très belles épreuves. Encadrées.

VERNET (D'après C.).

153. **Les Merveilleuses. — Les Incroyables. Deux pièces, faisant pendants, gravées par Darcis.**

    Très belles épreuves. Grandes marges.

154. **La Danse des chiens, par Levachez.**

    Très belle épreuve imprimée en couleur.

155. **Oh ! c'est bien ça, par Levachez.**

    Très belle et première épreuve tirée avant que le titre ait été changé et remplacé paa celui de : *Costumes modernes français et anglais.*

156. **Les Alliés à Paris.**

    Grande et très curieuse lithographie très soigneusement coloriée. Encadrée.

157. Le Sauteur en liberté, par Levachez.

Très belle épreuve en partie coloriée.

WILLE fils (D'après).

158. Le Dentiste ambulent. — Le Marchand de ptisane.
Deux pièces, faisant pendants, gravées par Ber-
thault.

Très belles épreuves imprimées en couleur.

158 *bis*. Sous ce numéro seront vendus quelques lots de
dessins et de gravures non catalogués.

DESSINS

CHARLET (N.-T.).

159. Une Marchande de fruits.

Jolie aquarelle signée et datée 1820.

160. Vignettes pour le *Mémorial de Sainte-Hélène?*

Madame Lætitia, mère de l'Empereur, suivant à cheval
son mari dans ses expéditions lors de la guerre pour la
liberté de la Corse.
Lettre L : un groupe de petits génies militaires.
Des patriotes, sur les bords de la Saône à Lyon, débar-
quant des canons qu'ils venaient de découvrir.
Lettre ornée : Tambour pleurant sur un D.
L'armée austro-hongroise culbutée par l'armée française
(30 octobre 1813).

Après le passage de la Bérésina les cuirassiers Doumere
prirent dix-huit cents hommes dans une charge.

L'Empereur, à son passage à Verdun, est acclamé par les
prisonniers ennemis.

Allocution de l'Empereur au 2e régiment de chasseurs à
cheval, la veille de la bataille d'Iéna.

Campagne de Moscou.

Après l'amputation de Moreau, on apporte au roi de Saxe
un des pieds du général que le chirurgien avait laissé
sur la place, avec la botte qui l'enveloppait.

Entrée dans Paris de l'Empereur et de Marie-Louise.

Napoléon à Calvi, pointant une pièce de canon contre les
partisans de Paoli.

Douze dessins très fins à la mine de plomb.

DESCAMPS.

161. **Clarke (H.-J.-Guillaume), duc de Feltre, maréchal de
France, en pied.**

Maquette, à l'huile, du portrait figurant dans la Galerie de
Versailles. Signé des initiales et daté 1827. A été gravé.

DESRAIS (C.-H.).

162. **Jeu du costume.**

Curieux et intéressant dessin, au lavis de sépia, ayant la
forme adoptée du jeu de l'oye : soixante-trois casiers renfer-
mant chacun un costume féminin ou masculin; aux quatre
angles, quatre jeunes femmes en différentes attitudes.

ECOLE FLAMANDE.

163. **Des enfants décorent de fleurs un cénotaphe.**

Au lavis d'encre de Chine rehaussé de blanc, sur papier
bleu.

MONNET? (Cl.).

330
Daulos pour B.T.

164. La Gageure des trois commeres (Le Poirier enchanté).

Très jolie aquarelle qui nous paraît être le dessin original d'après lequel a été gravée la planche pour les Contes de La Fontaine, édition in-4° de Didot l'aîné, 1795.

MOREAU? (J.-M.).

42

164 *bis*. Groupe allégorique décorant le bas du dessin intitulé la Cinquantaine.

A l'encre de Chine, et au lavis de sanguine rehaussé de blanc. A été en partie découpé et est collé en plein sur un carton.

OUDRY (J.-B.).

410
Daulos pour ✱

165. Tigre couché. — Armoiries. Deux dessins.

Au crayon noir rehaussé de blanc, et à la sanguine.

SAINT-AUBIN? (G. DE).

85
Daulos

166. Jeune Femme à sa toilette.

Sépia teintée de couleur.

SAINT-AUBIN (D'après A. DE).

460

167. Le Bal paré.

Joli dessin au lavis de sépia, peut-être celui de Duclos qui a gravé la composition portant ce titre.
Cadre ancien bois sculpté et doré.

SOMM (H.).

168. Parisiennes.

Vingt-six charmants dessins et croquis à la plume et à l'aquarelle.

WATTEAU DE LILLE (?).

169.   Jeune Femme en grand costume de cour.

    Au lavis d'aquarelle.

WATTEAU DE LILLE (D'après).

170.   Costumes d'hommes et de femmes, pour la Galerie des modes et costumes français.

    Huit dessins à la mine de plomb.

171.   Recueil factice contenant 30 dessins et croquis à l'aquarelle, à la mine de plomb et à la sépia, par et d'après E. de Beaumont, Cham, Alf. de Dreux, Decamps, Gavarni, Grandville, Isabey, H. Monnier, Willette et autres artistes.

Paris. — Typ. PHILIPPE RENOUARD, 19, rue des Saints-Pères. — 421.3

www.ingramcontent.com/pod-product-compliance
Ingram Content Group UK Ltd.
Pitfield, Milton Keynes, MK11 3LW, UK
UKHW031730170726
13836UKWH00002B/554